Imprimerie et cliché de A. Fontenaille

INAUGURATION
de la Statue
DU GÉNÉRAL DE LADMIRAULT
A MONTMORILLON
le 27 Mai 1901

C'est bien une magnifique « apothéose » suivant le mot heureux de l'éminent maire de Montmorillon, que les Poitevins ont faite lundi à notre illustre compatriote, le général de Ladmirault.

Ce solennel hommage de respect, d'admiration et de reconnaissance rendu par une foule immense à un glorieux soldat qui personnifia les plus hautes vertus militaires, civiques et privées, fera époque dans notre histoire locale; et tout ceux qui ont pris part à cette journée patriotique en conserveront un souvenir impérissable.

Les prévisions les plus optimistes ont été dépassées. La foule accourue à l'appel de l'excellente municipalité de Montmorillon, proclamait d'une seule voix qu'il eût été impossible d'ajouter plus d'éclat à la fête, de désirer une union plus parfaite des cœurs, une joie plus franche.

C'est à peine si, dans l'enthousiasme unanime, on a remarqué que la coterie gouvernementale témoignait d'un certain dépit et si on a pris la peine de lui reprocher cette mauvaise humeur plutôt maladroite que mesquine. Personne ne s'en est ému; il semblait même à chacun que la manifestation avait un caractère plus nettement populaire, plus gai et pour ainsi dire plus français.

Et rien ne pouvait être plus agréable au grand homme dont on glorifiait la mémoire, que l'expression spontanée du sentiment national dominant de très haut tous les petits calculs des esprits étroits.

Ladmirault a été honoré par la foule de ses compatriotes, fiers de le revendiquer; ses mérites et ses vertus ont été loués par des voix éloquentes; en lui ont été acclamées l'Armée et la Patrie, auxquelles il consacra toute sa vie : rien n'a manqué à la grandeur de l'apothéose.

Mais hâtons-nous de reprendre le récit de cette belle et réconfortante journée.

Le train spécial partant de Poitiers à 6 h. 55 emporte nombre d'habitants de notre ville, parmi lesquels nous remarquons les délégations importantes de la Société des Anciens Combattants de 1870 et 1871, et de la société des Anciens Combattants des Colonies.

A toutes les stations, il prend de nouveaux voyageurs et, à Montmorillon, c'est une véritable foule qui descend des voitures.

L'avenue de la gare tout entière est pavoisée. Des mâts, au bout desquels flottent des oriflammes et ornés de faisceaux de drapeaux, ont été placés à distances rapprochées. Les trois couleurs brillent également aux fenêtres des maisons particulières. On a tout de suite l'impression que la ville est en fête et que la population s'associe, de tout cœur, à la pensée de ses élus.

La place est admirablement décorée. Aux mâts ont été apposés des cartouches, sur lesquels on lit les noms des batailles auxquelles prit part le général de Ladmirault : Médéah, Miliana, Solférino, Borny, Rezonville, etc.

Les anciens Combattants de Montmorillon, qui forment un groupe compact sont réunis. Ils se rangent en cortège et, précédés de l'*Union musicale*, vont chercher le drapeau des mobiles de la Vienne.

Bientôt le glorieux trophée apparaît, portant de nobles déchirures et des trous. Ses couleurs sont passées. Toutes les têtes se découvrent et un frisson agite les cœurs.

De nouveau, le cortège se forme pour se rendre à l'église Saint-Martial. L'*Union musicale* prend la tête. Viennent ensuite le drapeau, M. de Monplanet, maire, MM. de Lalande et Faideau, adjoints, les Membres du conseil municipal, les Anciens Combattants de Montmorillon, les Anciens Combattants de Poitiers, les Anciens Combattants des Colonies, la délégation des Anciens Combattants de Gravelotte. Toutes ces sociétés ont déployé leurs bannières ; celle des Anciens Combattants de Gravelotte est cravatée de crêpe.

Le cortège se rend directement à l'église suivi d'un très grand nombre de Montmorillonnais et d'étrangers.

L'Église est pleine en un instant. De chaque côté de l'autel se rangent les drapeaux et bannières.

Dans le chœur ont pris place une partie des élèves du petit Séminaire.

Aux premiers rangs de l'assistance, nous remarquons à gauche : les généraux du Bessol, portant sur son uniforme le cordon de grand'croix de la Légion d'honneur, Segrétain, Philebert, de Biré, Pesme.

A droite : MM. de Monplanet, colonel Villot, président des anciens Combattants des Colonies, colonel Debourgues, de Coral ;

Dans les rangs qui suivent : le comte de la Rochebrochard, gendre du général de Ladmirault, les conseillers municipaux de Montmorillon, le duc des Cars, capitaine de territoriale, ancien aide de camp du général de Ladmirault, Paime, conseiller municipal de Poitiers, ancien combattant de 1870, le commandant Bried etc.

M. L'archiprêtre dit la messe pour les anciens Combattants de France et des colonies.

Pendant la messe, l'*Union musicale*, qui a pris place dans la nef de gauche, exécute avec un réel talent deux beaux morceaux.

Une fête en mémoire du général de Ladmirault, qui fut un excellent chrétien, devait commencer naturellement par un acte religieux.

Dès le matin, le comte et la comtesse de la Rochebrochard avaient fait une large distribution de pain aux pauvres.

Après la messe on se disperse un peu, en attendant l'heure de l'inauguration de la statue.

Dans les rues de Montmorillon, l'affluence est considérable. Il arrive du monde de toutes parts. Presque toutes les maisons sont pavoisées. On admire des balcons admirablement décorés avec des fleurs. Sur l'un d'eux, se détache, au milieu des roses et de la verdure, l'inscription : Vive l'armée !

Dans les groupes on n'entend que l'éloge de M. de Monplanet et de ses dévoués collaborateurs qui ont apporté dans l'organisation de la fête tant de goût, de zèle, de générosité. Les Montmorillonnais, sans distinction d'opinion, se sont montrés fiers de leur municipalité et lui adressent les plus cordiales félicitations.

Déjà la foule s'assemble sur la place Saint-Martial, à l'extrémité de laquelle s'élève la statue recouverte d'un voile, et qui a été décorée superbement. Signalons l'escalier, tout garni de verdure et de fleurs, et qui produit un effet des plus jolis.

En face de la statue, à l'autre extrémité de la place, un kiosque de musique, très coquet, tout nouvellement construit et offert par M. le maire à la musique de Montmorillon.

Les fenêtres, les balcons, les terrasses regorgent de monde. De tous côtés on n'aperçoit que riches et élégantes toilettes brillant sous un soleil étincelant et chaud.

Le délégué du ministre de la guerre

A onze heures, arrive le délégué du ministre de la guerre, le général baron de Maistre, accompagné de son officier d'ordonnance.

M. de Monplanet, maire, ayant à ses côtés M. de Lalande, premier adjoint, le reçoit sur le quai de la gare, où un piquet de gendarmerie rend les honneurs.

Après un échange de paroles cordiales, M. le général de Maistre et M. de Monplanet montent dans une voiture, attelée de deux superbes chevaux; M. de Lalande et l'officier d'ordonnance du général prennent place dans une seconde voiture non moins bien attelée.

Pendant le parcours, le général et la municipalité sont respectueusement salués par la foule.

Quand ils descendent devant la mairie devant laquelle la Compagnie des Pompiers, magnifiques sous des uniformes neufs, forme la haie, l'*Union musicale* joue la *Marseillaise* et la foule crie : Vive l'armée !

M. le général de Maistre est introduit dans les salons de l'Hôtel de Ville, ornés avec un goût parfait ; M. le maire lui présente le conseil municipal, les membres du comité d'initiative du monument et les fonctionnaires.

M. Lejeune, sous-préfet de Montmorillon, arrive un instant après. Nouvelles présentations.

Il est 11 h. 1/4. Le cortège se forme dans l'ordre suivant: les gendarmes, la musique, le général de Maistre, M. le maire, M. le sous-préfet, les généraux déjà cités, M. Millet, conseiller général de Montmorillon, le commandant Deslandes, du 5° cuirassiers, ancien porte-fanion du général de Ladmirault à Metz, le conseil municipal, les fonctionnaires, les invités, la Société des Anciens Combattants, la Société philanthropique de Montmorillon, etc.

Dans le cortège, nous remarquons: M. l'abbé Guyot, curé de Sillards, ancien aumônier militaire, M. le comte Raymond de Beauchamp, M. le marquis Louis de Beauchamp, conseiller général de Lussac, M. Millet fils, lieutenant d'artillerie de marine, un grand nombre de maires de l'arrondissement, etc., etc.

L'inauguration

A 11 h.25 le cortège pénètre dans l'enceinte réservée établie autour de la statue.

La place est noire de monde. Les chaises réservées sont déjà en grande partie occupées.

Les drapeaux des sociétés se rangent autour du monument, tandis que les autorités civiles et militaires et les membres du comité d'initiative prennent place dans deux tribunes construites en face l'une de l'autre perpendiculairement au monument.

Dans celle de gauche, au premier rang : le général du Bessol, délégué par le général Février, président du Comité d'initiative, ancien grand chancelier de la Légion d'honneur, le général de Maistre, le sous-préfet, etc.

Dans celle de droite : M. de Monplanet, maire, les adjoints, le Conseil municipal, les invités, parmi lesquels M.M. Hervé de Saisy, sénateur inamovible, C¹ᵉ Louis Lecointre, ancien député, membre du Comité d'initiative, C¹ᵉ Fruchard, conseiller général, etc.

A 11 heures 1/2, le voile qui recouvre la statue tombe, et une immense acclamation retentit, tandis que l'*Union musicale* joue la *Marseillaise*. On crie : Vive l'armée ! Vive la France ! On applaudit.

La statue posée sur un magnifique piédestal en granit, produit le plus heureux effet. Le général est représenté debout, en grand uniforme, le pied gauche en avant, tenant son chapeau de la main droite.

Tous ceux qui l'ont connu sont unanimes à attester la ressemblance et félicitent hautement le sculpteur M. Octobre, né à Angles, d'avoir si fidèlement reproduit cette grande et belle physionomie.

Sur le socle du monument est le génie de la jeunesse, qui, appuyé sur le drapeau de la main droite, tend une palme de la main gauche.

Sur les côtés du piédestal, œuvre de M. Raoul Carré, architecte, né à Montmorillon, ont été gravées les inscriptions suivantes :

En avant :

Au général de Ladmirault
Ses amis — Sa ville natale
L'armée. — La France

Sur le côté droit ;

Sorti de l'Ecole militaire de Saint-Cyr en 1829
Lieutenant en 1832, capitaine en 1837
Commandant le premier bataillon des tirailleurs de Vincennes en 1840
Colonel du premier zouave en 1844. — Général de brigade en 1848
Général de division en 1853
Commandant la 2ᵉ division du premier corps d'armée d'Italie en 1859
Sous-gouverneur de l'Algérie en 1865
Sénateur 1866-1870
Commandant le 2ᵉ corps d'armée en 1867
Commandant le 4ᵉ corps de l'armée du Rhin en 1870
Gouverneur de Paris en 1871
Sénateur de la Vienne de 1876 à 1891

Sur le côté gauche :

Siège de Constantine, col de Mouzaïa
Cherchell, Aumale, Médéah, Miliana
Col de Bénah, Melegnano
Solférino, Borny, Mars-la-Tour, Amanvilliers

Sur le quatrième côté :

Louis-René Paul de Ladmirault
Général de division, grand-croix de la Légion d'honneur
Né à Montmorillon le 17 Février 1808
Mort au château de la Fouchardière
le 1ᵉʳ Février 1898
52 années de service actif, 26 campagnes
3 blessures, 5 citations à l'ordre de l'armée

Au pied du monument, vient d'être placée une grande couronne au nom de la société du Souvenir Français, représentée par une délégation.

Un jardin anglais très superbement établi par M. Sirot, fait à la statue un cadre des plus coquets.

La ville de Montmorillon a désormais un superbe monument.

Discours du général du Bessol

Chargé de remettre le monument à la ville de Montmorillon, au nom des souscripteurs, l'ancien commandant du 2me corps se lève et prononce un discours que nous regrettons de ne pouvoir reproduire en entier.

— Je débuterai, dit-il, par une parole bien banale, mais aussi bien sincère. Je regrette qu'une voix plus autorisée que la mienne ne vous rappelle ce que fut le général de Ladmirault, votre illustre compatriote. On a voulu un soldat pour louer un soldat.

« Ce qui me rassure, c'est que Ladmirault fut un homme simple aussi modeste que grand, et il me suffira d'énumérer les brillantes étapes de sa carrière militaire pour le bien faire connaître.

L'orateur dit que Ladmirault naquit en 1808, en pleine épopée impériale et fut en quelque sorte bercé par le récit de nos victoires. Il nous le montre embrassant avec enthousiasme la carrière des armes.

Puis, il le suit pas à pas, de grade en grade, de combats en combats mettant en pleine lumière les qualités éminentes de l'officier, du chef : intelligence, décision, énergie, calme, bonté.

Il émaille cette belle page d'histoire de considérations élevées, et aussi de quelques traits d'esprit soulignés par les bravos de l'assistance. C'est ainsi qu'après avoir constaté que Ladmirault n'était à 45 ans que chevalier de la Légion d'honneur, après maintes actions d'éclat, il ajoute . « Les croix ne se gagnaient pas alors si facilement qu'aujourd'hui ».

L'orateur fait ressortir que Ladmirault fut avant tout un soldat ne songeant au milieu des difficultés politiques qu'à la France à laquelle il avait voué sa vie.

Il termine à peu près en ces termes :

Arrive enfin la capitulation à laquelle il se conforme en soldat, après avoir tout fait pour l'éviter; il s'impose le douloureux devoir de remettre lui-même ses troupes au vainqueur, les larmes aux yeux, il leur adresse un adieu suprême ; et les Allemands, s'inclinant devant une infortune si noblement supportée l'entourent de respect.

Rentré en France à la paix, il offre ses services à la défense nationale qui les refuse. Après le 18 mars, voyant le péril social, il s'offre de nouveau, mais, malgré sa loyauté, on se méfie de ses tendances et il est encore repoussé.

Mais le péril augmente. Les grandes phrases ne suffisent plus. On cherche des sauveurs, et quand on vient faire appel à son patriotisme, il oublie les affronts pour ne songer qu'à la patrie, et prend alors le commandement d'un corps d'armée formé à Versailles et, après les péripéties d'un épouvantable drame sous les yeux d'un ennemi heureux de nous voir détruire nous-mêmes le peu de vitalité qui restait à une nation dont il redoutait le réveil, on rentre dans Paris. Comme partout, Ladmirault avait eu un des rôles les plus importants. C'est devant ses troupes que s'ouvrirent les portes de Paris et c'est lui qui enleva les buttes de Montmartre, dernier réduit de l'insurrection. Dans toutes ces opérations, on le vit déployer sa science de tacticien en même temps que sa justice et sa bonté. Combien de ces hommes qu'il appelait des égarés lui durent la vie. Aux troupes enfiévrées par la lutte et désireuses de venger leurs camarades, il disait : « Après le combat, épargnez-les, ce n'est plus notre affaire. Ces hommes appartiennent à la justice mais pour nous ce sont des prisonniers et à ce titre, ils doivent nous être sacrés ».

Une fois installé dans Paris dont Thiers le nomma gouverneur, on lui offrit le bâton de maréchal qu'il refusa noblement; il avait fait son devoir sans hésitation, mais avec tristesse, il ne voulait pas qu'une récompense, quoiqu'il l'eût méritée depuis longtemps, lui fût donnée à la suite d'une calamité nationale.

Ladmirault conserva le gouvernement de Paris jusqu'à la limite d'âge et pendant sept ans, malgré les excitations récentes, les souvenirs de la lutte, les colères inassouvies, Paris put dormir tranquille sous la garde de son épée; il était également respecté de tous les partis.

C'est en 1878 qu'il entra dans le cadre de la réserve; l'inflexible loi l'enleva à ses troupes qui l'aimaient comme un père.

Je ne rappellerai que pour mémoire l'adhésion qu'il donna à la formation des cercles catholiques qu'il considérait comme devant ramener l'union et la paix dans un pays si rudement éprouvé. Un de ses officiers d'ordonnance, le comte de Mun, fut le Pierre L'hermite de cette croisade de la paix dont les résultats se font sentir encore aujourd'hui.

Fixé à la Fouchardière, avec sa fidèle compagne, au milieu des siens, il y vécut en patriarche, entouré comme partout de l'estime et de l'affection de sa famille et de ceux qui l'approchèrent.

En 1890, il eut la douleur de perdre l'admirable femme qui avait partagé pendant près de trente ans ses joies et ses douleurs; enfin, 7 ans plus tard, en 98, il termina au milieu de vous sa glorieuse carrière.

Ladmirault n'était pas un homme ardent et passionné; sa caractéristique était plutôt le calme et le sang-froid; il n'eût pas songé, comme Canrobert à Zaatchas, à jeter au loin dans la mêlée le fourreau de son épée en disant à ces hommes : « aujourd'hui, la lame seule doit servir ». Il n'eût pas non plus jeté comme Condé son bâton de maréchal (bâton qu'il aurait dû avoir) dans les lignes de l'ennemi pour se donner le plaisir d'aller le reprendre de haute lutte; il y avait dans son caractère plus de Bugeaud et de Mac-Mahon, que de Canrobert et de Bourbaki, plus de Turenne que de Condé.

Sa bienveillance et sa justice lui attiraient l'amour de ses soldats; son calme dans les moments les plus critiques leur inspirait confiance, ils l'auraient suivi partout. Si, dans l'année fatale, il avait eu à jouer un rôle plus important, je ne sais pas si Dieu nous aurait donné la victoire, mais, ce que je sais bien, c'est que, même obligé de céder devant la supériorité du nombre et de l'organisation, l'armée française fût sortie de la lutte plus fière et plus honorée ; ce que je sais bien, c'est que 150.000 soldats n'auraient pas pris comme un troupeau la route des prisons d'Allemagne et que nos canons et nos drapeaux n'orneraient pas aujourd'hui les musées de Berlin. Bienheureux messieurs, ceux qui, comme lui, parvenus au terme d'une longue carrière, peuvent regarder sans crainte la route parcourue sans défaillance ni faiblesse.

Voilà l'homme ; la mort nous l'avait pris en 1898 ; nous vous le rendons aujourd'hui. Honorez-le ! Que cette place, qui devrait s'appeler place Ladmirault, devienne pour les conscrits un lieu de pèlerinage, et si ces drapeaux que vous voyez-là si fièrement tenus par les anciens combattants avaient à se déployer pour couvrir la frontière, que vos jeunes hommes, avant d'aller prendre leur place de bataille, viennent jurer devant cette figure de bronze de se montrer toujours braves, patriotes, disciplinés, qu'ils jurent de sacrifier leur existence pour conserver intactes ces grandes choses qui s'appellent l'Honneur, qui s'appellent la Patrie, qui s'appellent la France.

Et maintenant, messieurs, comme délégué du comité, je n'ai plus qu'à remettre cette statue, œuvre d'un de nos jeunes compatriotes, à la municipalité de la ville et je la confie à la population tout entière.

De longs applaudissements saluent cette chaleureuse péroraison et de nouveau éclatent les cris de : Vive la France ! Vive l'armée.

Le général de Maistre

Se lève au grand étonnement des spectateurs, car le bruit avait couru qu'il avait reçu l'ordre de ne pas prendre la parole et il prononce les quelques mots que voici : « Ayant l'honneur de représenter M. le Ministre de la guerre, je m'associe à l'hommage rendu au général de Ladmirault ; au nom de l'armée j'apporte mon tribut d'admiration et de reconnaissance au chef qu'elle a beaucoup aimé et qui sera toujours regretté. »

Toute l'assistance crie : Vive l'armée ! Vive la Patrie !

Allocution du colonel Villot

Le colonel Villot, Président des Anciens Combattants des Colonies, prend la parole. Après s'être excusé de retenir encore quelques instants l'attention, il retrace certains traits particuliers de la vie du général de Ladmirault dont il a entendu faire l'éloge en Afrique, notamment au premier zouave. Il loue le théoricien.

« Nous ne serons jamais des vaincus résignés s'écria-t-il après une allusion à nos désastres, et nos yeux se tourneront vers la frontière ouverte ».

Il dit que Ladmirault était un parfait démocrate, comme le sont tous les officiers, quelle que soit leur origine. Il rappelle encore qu'il fut un croyant : « Ce n'est pas rare dans l'armée ajoute-t-il, car il est impossible de conduire des hommes au feu, sans avoir l'âme portée vers les grandes vérités ».

Il termine par ces mots : » Vous tous, paysans de France qui venez commémorer cette grande figure, suivez toujours l'exemple de Ladmirault qui vous a dit : France d'abord, France toujours ».

De vifs applaudissements soulignent cette allocution.

Discours de M. de Monplanet

M. le Maire de Montmorillon prend à son tour la parole et prononce un discours magistral, maintes fois interrompu par les acclamations. Il s'exprime en ces termes :

Monsieur le Délégué du Ministre de la Guerre,
Monsieur le Sous-Préfet,
Monsieur le Président,
Messieurs,

Il semble qu'il n'y ait rien à ajouter aux hommages rendus à celui dont nous célébrons aujourd'hui la mémoire.

Colonel à 36 ans, général à 40, l'état de ses longs services est à lui seul une épopée.

Au lendemain de sa mort, le général Pesmes rappelait en termes émus « sa « bravoure et ses mérites militaires, son dévouement le plus absolu à la patrie ».

Le général Riff, au nom du Président de la République, retraçait les traits de cette figure « si simple de serviteur loyal, intrépide et fidèle de la France, de ce grand « caractère s'affirmant, se développant pendant plus de 52 ans de vie publique, toujours « si égal à lui-même dans les succès de guerres brillantes, dans les revers sans pré- « cédents, dans les travaux de la paix comme en campagne, dans l'extrême vieillesse « comme aux jours les plus ardents de la jeunesse ; caractère d'une droiture absolue, « d'une conscience exquise, d'une fermeté rigoureuse, d'une vaillance chevaleresque « et en toutes circonstances d'une simplicité antique ; caractère le plus noble du sol- « dat qui a voué à sa patrie non seulement tout son sang, mais tous les battements de « son cœur ».

Le commandant Rousset, en des pages d'histoire documentées et savantes, a mis à son tour en lumière les qualités d'héroïsme déployées par le commandant du 4⁰ corps de l'armée du Rhin, aux heures tragiques de l'invasion.

« Dans cette lutte désespérée et si terriblement cruelle pour celui qui jusque-là « n'a pas connu la défaite, avait dit le général Riff, Ladmirault apporte la ténacité, le « courage froid et résolu, et par dessus tout, cette volonté persistante d'offensive que « rien ne peut abattre.

« Le 14, le 16, le 18 août, sur le champ de bataille, dans le Conseil de guerre, « à la veille de la capitulation, il demeure l'homme inébranlable qui sauve l'honneur, « quand plus rien ne peut être sauvé.

« La presse a fait écho aux hommages ainsi rendus par les chefs de l'armée.

« En adressant un suprême adieu au général de Ladmirault, écrit Claretie, nous « donnons également une dernière pensée à cette vieille armée dont il fut l'un des plus « illustres, à cette armée qui, née dans un rayon d'Austerlitz, eut pour radieuse aurore « le Trocadéro, Alger, Anvers; pour éclatant zénith, Mouzaïa, Constantine, Sébastopol, « Magenta, Solférino. »

Les Allemands eux-mêmes, — « Militar Wochemblatt 8-9 avril 1899 » — ont rendu justice aux efforts extraordinaires, à la valeur des vieux soldats du 4⁰ corps et en ont reporté, pour une grande part, l'honneur à l'initiative, à la décision, à la vigueur, au courage à toute épreuve de leur chef.

De Lafaye a retracé, presque jour par jour, cette vie si bien remplie, depuis le berceau de Montmorillon, en cette maison où siègent aujourd'hui nos édiles, depuis le départ pour l'école militaire de Senlis du jeune cadet de famille, jusqu'au gouvernement de Paris, jusqu'à sa fin si chrétienne au château de la Fouchardière.

A côté du soldat et de l'administrateur, il nous a donné le Ladmirault intime ; à côté de l'homme de guerre et du législateur, l'homme de bien. — Le comte de Mun a illustré le livre d'une magnifique préface où, témoin véridique, il montre Ladmirault apparaissant à tous, sous Metz, la personnification de la victoire espérée.

Après tant et de si probants témoignages, nous venons d'entendre l'ancien commandant des 13⁰ et 19⁰ corps, qui certes s'y connaît en bravoure et en science militaire, affirmer une nouvelle fois ce qu'on doit penser du héros d'Afrique, du glorieux blessé de Solférino.

Et, après le monument parlé, le monument écrit, voici que s'élève le monument de granit et d'airain sur le coin de terre cher entre tous, qui s'appelle le pays natal.

Et, tout autour du général de bronze, se groupent, drapeaux flottant au vent, les anciens combattants, ses compagnons, ses émules à des rangs divers ou les courageux et les dévoués, heureux et réconfortés de glorifier en sa personne le courage et le dévouement.

Puis, voici la foule des concitoyens, des admirateurs, des amis ; et la ville est pavoisée, la fanfare retentit, les armes sont présentées au commandement des chefs ; Dieu nous donne son soleil : l'apothéose est complète.

Il reste cependant quelque chose à faire : une tâche s'impose ; c'est celle que je viens remplir. Des dettes subsistent, et je les acquitte.

La ville de Montmorillon n'est pas seulement fière, elle est aussi reconnaissante des hommages rendus au plus illustre de ses enfants.

Ses remerciements s'adressent à M. le Ministre de la guerre, à vous, mon général, son délégué, dont la présence et la parole nous apparaissent la consécration officielle des sentiments d'admiration de l'armée et du pays.

Ils vont à vous, M. le Sous-Préfet, représentant du gouvernement ; vous, le souscripteur de la 1re heure, qui ne pouviez rester indifférent à ce qui émeut et réjouit cette ville.

Messieurs les membres du comité d'initiative, vous venez de nous remettre le monument élevé par vos soins. Notre cité reçoit, pleine de gratitude, ce patriotique dépôt, et le conservera sur cette place séculaire comme un exemple, un ornement et un honneur.

Sa pensée s'étend aux souscripteurs connus et inconnus d'elle, départements, villes, communes et sociétés, magistrats et fonctionnaires, officiers et soldats, princes et artisans, mais elle s'attache surtout à vous, les initiateurs, et il ne lui sera plus possible, après la fête de ce jour, de séparer, dans son souvenir reconnaissant, les noms des généraux Février, du Bessol, du Barrail, Pesme, Philebert, Segretain, de Biré, Boissonnet, Derroya, Charreyron, Coiffé, Haillot, de France, Larchey, Jacquemin, des Garrets, Riff, Saget, de la Rochethulon, de Castex, Niel, du nom de Ladmirault.

Quand, sous votre haut patronage, la souscription fut ouverte, mon honorable prédécesseur et le conseil municipal d'alors s'y associèrent aussitôt. L'idée avait d'ailleurs pris naissance, le jour même des obsèques, au sein d'une société ouvrière, dont le général était membre honoraire.

— L'âme populaire, toujours généreuse et droite dans ses élans spontanés, était ainsi, d'avance, à l'unisson de vos sentiments.

Sur ce sol où l'on voit le chêne tracer ses racines au milieu des silex taillés de l'âge de pierre, où se rencontrent encore les pierres levées des druides, où les générations se succèdent, amoureuses de progrès, sans renier les traditions, nous avons tous immédiatement senti que cet homme robuste, au clair bon sens, positif et croyant, impassible et tenace, simple et grand, était bien le nôtre, l'élite de la race, et qu'en dépensant sa vie et son sang pour la France, en devenant illustre, il avait doublement travaillé pour nous.

Et maintenant, après nos remerciements, nos félicitations. Nous les adressons respectueuses et amicales aux descendants du Général, à sa fille, héritière de ses noblesses et de ses vertus, et au combattant de 1870, devenu son officier d'ordonnance et son gendre, je pourrais dire son fils.

Nous les adressons, enthousiastes et bien sincères, à l'architecte Carré, au sculpteur Octobre, tous deux, comme le général, enfants de ce pays et fils de leurs œuvres, qui ont élevé à sa mémoire le monument que nous inaugurons aujourd'hui.

C'est bien sur ce bloc de granit, aux lignes sévères, qu'il convenait de placer ce soldat sans reproche et sans peur et de graver en lettres d'or les étapes de sa vie guerrière. — C'est bien ainsi qu'il convient de reproduire ses traits, à l'apogée de sa carrière, calme dans le sentiment de sa force. Sur le socle, vous avez symbolisé, mon cher Octobre, la jeunesse française et vous avez prodigué, dans cet adolescent aux formes pures, votre franc génie, votre cœur. Elle est là, la belle jeunesse, radieuse et attendrie. L'histoire lui a redit ces tristesses de l'année terrible, mais les nobles espoirs gonflent sa poitrine et, se dégageant des plis du drapeau à la hampe brisée, éprise de grandeur, elle tend à Ladmirault la palme de laurier.

Les yeux fixés sur celui qui n'est plus, elle se pénètre et s'imprègne, en attendant l'heure virile, de ses exemples et de ses leçons, et c'est ainsi que par le culte des ancêtres et l'atavisme du dévouement, les nations restent grandes à travers les âges, c'est ainsi que la gloire engendre la gloire, et que les mères enfantent des héros.

Ce discours, d'un tact exquis et d'une haute éloquence, dit d'une voix claire avec l'accent d'une émotion qui gagne tous les cœurs, produit une impression profonde et soulève d'enthousiastes acclamations.

Et la cérémonie se termine aux cris répétés de : Vive l'armée ! Vive M. le Maire ! Vive la France !

Il est près d'une heure, la foule se disperse. C'est le moment du déjeuner. Dans les hôtels, les tables sont prises d'assaut et nombre de visiteurs, malgré la bonne volonté des hôteliers, arrivent difficilement à se faire servir.

Cependant les invités se dirigent vers la salle du banquet offert par le Maire de Montmorillon.

Le banquet

Il est donné sous le marché couvert qui, par les soins de M. Paul Puisais, de Poitiers, a été transformé en une salle charmante, dans laquelle on pénètre en passant sous une tente qui sert de vestibule et entourée d'une bordure de fleurs et de verdure.

La toiture, entourée à l'intérieur d'une draperie tricolore, disparaît presque sous les oriflammes, les guirlandes, les banderolles. Les portes sont cachées par des tentures de velours rouge à franges dorées.

Tout le tour, ont été fixés des porte-manteaux, auxquels les convives peuvent suspendre leurs cannes, chapeaux, etc. Aucun détail n'a été oublié. L'organisation est parfaite.

Des tentes ont été construites sur trois des côtés du marché, pour l'installation des divers services.

Le couvert est dressé, et magnifiquement dressé, sur trois tables établies dans la longueur et perpendiculaires à la table d'honneur.

Les invités sont reçus à la porte par d'aimables commissaires qui indiquent à chacun la place qu'il doit occuper.

M. de Monplanet se prodigue, ayant pour tous un mot charmant.

Puis, il prend la présidence du banquet, ayant à sa droite : MM. le général du Bessol, le général Philebert, le duc des Cars, le Cte Louis Lecointre, ancien député, le Cte Raymond de Beauchamp, le Cte Fruchard, conseiller général, M. Faideau, adjoint. — A sa gauche : MM. le comte de la Rochebrochard, général Pesme, général Segrétain, général de Biré, le duc de Polignac, Paul Millet, conseiller général, Jules Lair, membre de l'Académie des Inscriptions et Belles-Lettres, Mis Louis de Beauchamp, conseiller général, le supérieur du petit séminaire, M. de Taveau, M. de Lalande, adjoint.

On compte 224 convives. Devant chacun, sur la table parsemée de fleurs, un menu des plus artistiques, dessiné par M. Raoul Carré et imprimé par M. Fontenaille. En voici le texte :

>Hors-d'œuvre
>Galantine de volaille en gelée
>Saumon sauce Emereau
>Filet de bœuf Marignan
>Jambon d'York glacé
>Poulardes de Bresse truffées
>Aspics de foies gras en Bellevue
>Asperges sauce mousseline
>Bombe glacée Solférino
>Fruits de saison
>*Desserts*
>*Vins*
>Barsac, Pomard
>La Chesnaie-Sainte-Gemme
>Champagne
>Vieux Porto

Le banquet est servi par M. Emereau, de Montmorillon, et il est exquis. Les vins sont incomparables et le service irréprochable.

Naturellement, toutes les conversations portent sur la fête si admirablement réussie.

Les toasts

Au champagne, M. PAUL MILLET, conseiller général, se lève et porte un toast chaleureux au Maire de Montmorillon, qui, après avoir pris l'initiative du monument à élever à l'illustre enfant de la ville, a su si parfaitement mener l'œuvre à bonne fin. Je suis sûr, dit-il, d'être l'interprète de vous tous et des sentiments de la population entière, en vous proposant de tout cœur la santé du maire si dévoué de Montmorillon, de notre éminent ami, M. de Monplanet.

De longs applaudissements accueillent les paroles si affectueuses du sympathique conseiller général.

M. DE MONPLANET répond à peu près en ces termes : « Mes chers amis, — permettez-moi de m'adresser ainsi à vous tous — je vous remercie de vous être associés si cordialement au toast si flatteur et si amical de M. Millet. J'accepte avec joie votre témoignage de sympathie ; mais je reporte l'éloge à un absent, à M. le général Février, sans lequel il eut été impossible de mener à bien l'œuvre entreprise, et je vous prie, après avoir communiqué mon désir au général du Bessol, de m'autoriser à transmettre au Président du comité d'initiative l'expression de notre respectueuse et vive reconnaissance; au général Février (applaudissements prolongés).

Le GÉNÉRAL DU BESSOL, délégué du général Février, s'exprime ainsi : « Permettez-moi, messieurs, de féliciter le Maire et la population de Montmorillon, du magnifique hommage qu'ils viennent de rendre au glorieux enfant de cette ville, à Ladmirault. Je demande à cette brave population de donner à la France beaucoup d'enfants de cette taille. Avec des soldats pénétrés des exemples de Ladmirault, le pays peut compter sur l'avenir. » (Salves d'applaudissements).

M. DE MONPLANET propose la santé de tous les officiers supérieurs qui ont bien voulu venir se joindre à la population pour honorer la grande mémoire de Ladmirault.

Tous les convives se lèvent et crient : Vive les généraux ! Vive la France !

LE COLONEL VILLOT porte un toast charmant et très applaudi à la presse.

M. DE MONPLANET se lève de nouveau et porte un dernier toast « à tous les groupes d'Anciens Combattants qui sont venus pour acclamer, en la personne du général de Ladmirault, ce que tous nous admirons et aimons : l'armée nationale ».

Les convives répondent par un même cri : Vive l'armée ! Vive la Patrie.

En quelques mots très heureux, *le Comte de la Rochebrochard* remercie de tout ce qui a été si bien dit et si magnifiquement fait pour honorer le général de Ladmirault. Il dit qu'il en est profondément touché et reconnaissant (Applaudissements).

Il est deux heures 1/2. M. le Maire demande à ses hôtes la permission de les quitter pour aller à la cérémonie qui va avoir lieu à la mairie.

Les convives se lèvent et font à M. de Monplanet une longue et chaleureuse ovation.

Plaque commémorative

Les sociétés d'Anciens Combattants sont rangées devant l'Hôtel de Ville. La foule, considérable, est maintenue par la compagnie des sapeurs-pompiers qui forment la haie.

M. le Maire, entouré de ses adjoints, des conseillers municipaux et des officiers supérieurs, se tient sur le perron.

On enlève le voile placé sur le milieu de la façade de la mairie et apparaît, dans un cadre noir, une plaque portant les inscriptions suivantes:

HONNEUR   PATRIE

MORTS POUR LA PATRIE

A. GAILLARD, Capitaine, 2e régiment du Génie, décédé en 1876.

TARTAUD François, 12º Régiment d'infanterie, décédé à Bourges . . . 1870
SIMILLON Jean, 3º corps de l'armée du Rhin, décédé à Grenoble . . . 1870
RANGEARD Joseph, 73º de ligne, décédé à Thiais . . . 1870
THOMAS Jean, 74º ligne, décédé à Carthause (Allemagne) . . . 1870
GOULLIER Jules, 6º de ligne, décédé à Gioyau (Allemagne) . . . 1870
LEDOUX Guillaume, 111º de ligne, décédé à Gentilly . . . 1871
ROBIN François, garde-mobile, décédé à Gentilly . . . 1871
JOUBERT Pierre, franc-tireur de la Hte-Vienne, décédé à Vierzon . . . 1871
FILLAUT François, 53º ligne, décédé à Gap . . . 1871
NOUVEAU DE LA CARTE Arthur, lieutenant, 1er régiment de zouaves, décédé à Sétif . . . 1871
MAILLET François, 27º régiment d'artillerie, décédé à Lille . . . 1873
LAGEON Jean, 104º de ligne, décédé à Versailles . . . 1873
STÉVENET François, 97º de ligne, décédé à Chambéry . . . 1873
PARINAUD François, 4º régiment de zouaves, décédé à Médéah . . . 1875
BARBIER Pierre, 2e régiment de marine, décédé à bord de la Creuse . 1875
COLAS Charles, 52e de ligne, décédé à Blois . . . 1876
PEIGNELIN Antoine, 33e régiment d'artillerie, décédé à Poitiers . . . 1877
PESCHER Antoine, 3e régiment de marine, décédé à Leyne . . . 1877
PEIGNELIN Jean, 46e de ligne, décédé à Gafsa . . . 1882
NORMAND Jacques, 33e régiment d'artillerie, décédé à Poitiers . . . 1877
DAIRON Joseph, 20e d'artillerie, décédé à Poitiers . . . 1888
JOLY Ernest, 1er régiment de tirailleurs, décédé à Blidah . . . 1890
PINEAU Louis, 46e de ligne, décédé à Toul . . . 1891
MARCHAL Henri, 2e de ligne.
LINEAU Eugène, 38e régiment d'artillerie.
ROBIN Louis, 21e régiment de chasseurs.

DE LADMIRAULT, Général de Division, ancien Commandant du 4e corps de l'armée du Rhin, décédé à Sillars 1898.

A nous le Souvenir, à eux l'Immortalité !

SOCIÉTÉ NATIONALE DU SOUVENIR FRANÇAIS

    M. le capitaine Boydron, délégué à cet effet par le « Souvenir Français » adresse au Maire une allocution toute militaire et lui fait remise de la plaque destinée à perpétuer le souvenir des Montmorillonnais morts pour la Patrie.

    M. le Maire répond au délégué que le « Souvenir Français » ne pouvait prendre un meilleur interprète de ses sentiments. Il donne ensuite la parole au général Philebert, « un écrivain militaire de grand mérite et un orateur de talent, que les Montmorillonnais et les Anciens Combattants seront certainement très heureux d'entendre ».

    Le général Philebert s'avance jusque sur la première marche et comme la foule se presse, M. le Maire fait signe aux pompiers de la laisser approcher.

    Le général prononce un éloquent et patriotique discours.

Discours du Général Philebert

    C'est pour nous, dit-il en substance, une grande satisfaction et une grande joie de voir réunis tant de compagnons d'armes qui ont fait la guerre à nos côtés, de sentir leur cœur battre près du nôtre, sous la poussée d'un même patriotisme

« Nous vous tendons les deux mains, chers camarades, et vous remercions d'être venus vous joindre à nous pour glorifier Ladmirault.

« Vous êtes de braves gens ; vous l'honorez et vous avez raison. Il personnifie la bravoure, l'honneur, la décision, l'énergie, la bonté qui font les grands soldats, la sagesse, la droiture qui font les honnêtes gens et les bons citoyens (Vifs applaudissements).

« S'il vivait encore, il vous rappellerait la parole de Celui qui a dit : « Aimez-vous les uns les autres ».

L'orateur évoque le souvenir de nos grandes illustrations militaires : Bayard, Condé, Turenne, Du Guesclin, etc. Il parle avec une admiration attendrie, de Jeanne d'Arc que les Anglais ont voulu punir d'avoir sauvé la patrie et de les avoir bouté hors du joli pays de France. (Bravos prolongés).

Après avoir rappelé que, dans des circonstances difficiles, Thiers fit appel à l'épée et au dévouement de Ladmirault, le général Philebert ajoute :

« Quoique dans cette fête Ladmirault tient la plus grande place, elle n'est pas toute pour lui. Le « Souvenir Français » a eu la délicate pensée de perpétuer la mémoire de ceux de vos compatriotes morts au champ d'honneur. Dans la France entière, dans le monde entier, il élève des monuments semblables. Le 9 juin, nous en inaugurerons un dans le cimetière d'Angoulême et nous n'aurons plus la honte de voir ensevelir nos soldats dans des tombes sans nom. Les mères pourront venir prier, à l'ombre de la Croix, pour ceux qu'elles ont chéris et qui dorment leur dernier sommeil.

« On perpétue ainsi les nobles souvenirs. C'est faire œuvre belle et grande ; c'est instruire et fortifier les générations de l'avenir.

« Il y a des gens qui veulent nous faire croire à la paix universelle, à l'internationalisme. Rejetez ces utopies (Applaudissements répétés). Jamais les appétits des nations n'ont été plus effrénés. L'Allemagne a dit : « La force prime le droit » ; et la rapace Angleterre applique tous les jours cette maxime de fer.

« Nous, restant dans les instincts et les traditions de notre généreux pays, disons qu'il faut aimer, protéger et défendre le faible. Saluons du fond de notre cœur ce vaillant petit peuple qui, pour sauver son indépendance et sa liberté, tient l'armée anglaise en échec. (Bravos répétés).

« Il faut donner son cœur tout entier à son pays. Avant d'aimer l'Anglais ou l'Allemand, il faut aimer la France. (Cris : Vive la France !)

« Jeunes gens, écoutez. Vous rêvez de repos, de bien-être, de vie facile, de paix. Prenez garde ! l'horizon est sombre et chargé d'orages. Le temps n'est pas loin où vous aurez besoin de toutes vos forces pour défendre la Patrie. Souvenez-vous que nous sommes les fils de ceux qui ont parcouru en vainqueurs toute l'Europe.

« Notre jeunesse, victorieuse en Afrique, en Crimée, en Italie, croyait à l'avenir facile. Les revers de Metz nous ont fait une vieillesse triste jusqu'à la mort.

« Ne faites pas comme nous. Pensez à l'avenir. Ayez toujours devant les yeux l'image de la Patrie en deuil. Cessez vos discordes de partis. Unissez-vous pour faire face à l'ennemi, tous ensemble. Endurcissez-vous à la fatigue ; soumettez-vous à la discipline ; préparez vos âmes aux sacrifices. La victoire ne se donne pas ; elle n'appartient qu'aux cœurs vaillants, aux bras vigoureux qui peuvent la prendre !

« Et quand le moment sera venu, que le Dieu des armées exauce nos prières, en vous inspirant les vertus de ceux que nous commémorons aujourd'hui.

Qu'il vous accorde de déchirer de honteux traités et nos vêtements de deuil, de nous rendre les deux sœurs qui espèrent toujours et de porter, comme autrefois, nos drapeaux de victoire en victoire. »

Nous ne saurions dire l'impression produite par ce beau discours, dont chaque phrase remuait tous les cœurs. Nous avons vu nombre d'Anciens Combattants pleurer, tellement leur âme était émue par cette parole ardente.

Le général Philebert est entouré, félicité et remercié.

On se sépare ensuite pour se porter sur le parcours que doit suivre

La cavalcade

Elle représente l'entrée de Du Guesclin à Montmorillon, au printemps de l'année 1372. Le connétable, après avoir enlevé d'assaut le « chastel de Montmorillon » aux Anglais qui y tenaient garnison, reçoit des mains des notables les clefs de la ville et se rend, suivi des seigneurs, ses compagnons d'armes, à la maison commune.

La remise des clefs a lieu sur la place du marché (ville haute) qui est couverte de monde. Elle s'exécute solennellement et avec un ordre parfait. De la foule et de toutes les fenêtres les applaudissements éclatent.

Le cortège se forme en entier dans l'ordre suivant :

Un chef trompette ; — 8 trompettes sur deux rangs ; — 2 porte-étendards ; — 1 officier piquier ; — 16 piquiers sur quatre rangs ; — 1 héraut d'armes ; — 6 hommes d'armes ; — 1 officier du corps des massiers ; — 16 massiers sur quatre rangs ; — 1 page porte-clefs ; — 4 pages d'honneur.

Du Guesclin ;

Le gouverneur ; — le Duc de Bourbon et le Dauphin d'Auvergne ; — duc de Renneval ; vicomte de Rohan ; duc de Beaumanoir ; sire de Sully ; vicomte de Meaux ; vicomte d'Aunay ; messire de Clisson ; sire de Laval ; — 1 sergent d'armes ; — 16 gardes du corps breton ; — le prévôt des marchands ; — les maîtres des corporations ; — un officier des gardes.

Il suit l'itinéraire suivant : Rue Champion ; rue de Chauvigny ; rue des Barres ; rue Saint-Mathelin ; route de Poitiers ; Le Pont-Neuf ; rue de Strasbourg ; La Trimouille ; Croix-Blanche ; rues du Grammont et Puits-Chaussée ; rue de Strasbourg ; rue Boreau ; rue Solférino ; rue des Granges ; Place Carnot ; Champ de Foire ; Place Saint-Martial ; Grand'Rue, jusqu'au Palais de Justice ; retour au Pont-Neuf ; avenue de la Gare ; retour au point de départ par la route des Roches et la place du Marché.

Partout, la foule est considérable et tout le monde est unanime à reconnaître que la cavalcade est on ne peut mieux réussie. Les costumes sont très frais et les chevaux ont belle allure. Du Guesclin, impassible et superbe sur son coursier, est acclamé. Tous les figurants défilent, en observant strictement les distances et avec une régularité toute militaire. Ils sont d'ailleurs sous la direction de M. Auguste de Moussac, auquel vont de sincères compliments.

Six pages quêtent dans la foule pour les pauvres de Montmorillon, qui, à aucun moment, n'ont été oubliés.

Le soir, il y a eu Retraite aux Flambeaux, Feu d'artifice, Illuminations et Concert par l'*Union Musicale* qui, pendant toute la fête, a prodigué, avec la meilleure grâce, le meilleur de son talent.

La fête a été magnifique en tous points. Nous ne savons si quelques esprits chagrins l'ont regretté. Ce qu'il y a de sûr, c'est que les Montmorillonnais étaient ravis et que tous les assistants étrangers ont emporté de leur visite à la ville de Ladmirault le plus réconfortant, la plus douce et la plus agréable impression.

Extrait « *du Courrier de la Vienne* ».

UN SOLDAT

A Montmorillon, il y a deux jours, on a inauguré la statue d'un homme en qui, un moment, la patrie mit son espoir, l'armée de Metz, toute sa confiance. C'est le général de Ladmirault. N'est-il pas vrai que, pendant le siège de la citadelle lorraine, Gambetta, prévenu par des officiers échappés à la surveillance allemande, de l'effrayante mollesse et de l'attitude plus que douteuse de Bazaine, voulut relever le maréchal de son commandement, et envoyer à la ville assiégée un émissaire portant la nomination au commandement en chef de l'armée du Rhin, du général que toute l'armée eût suivi avec enthousiasme et qui était le général de Ladmirault ?

Gambetta, âme vivante de la défense nationale, s'était pour cette mission périlleuse — traverser les lignes prussiennes, entrer à Metz comme le préfet Valentin était entré à Strasbourg, sous les coups de feu, déposer Bazaine, faire reconnaître Ladmirault comme chef — adressé à un collaborateur énergique et sûr, de bravoure froide et de caractère inflexible, Arthur Ranc. Et M. Ranc avait accepté. Il allait partir, signifier au maréchal qui perdait la France une déchéance salutaire ; ses malles étaient faites lorsque la nouvelle parvint au gouvernement de la Défense Nationale de la capitulation de Metz, de la chute de la cité jusqu'alors inviolée. Il était trop tard. Tout était consommé.

Et — ironies atroces de la politique — ce même homme qui devait aller au péril de sa vie, l'investir, au nom de la nation, du gouvernement suprême, le général de Ladmirault, devenu gouverneur de Paris, allait, trois années plus tard, demander qu'on le poursuivît comme ayant fait partie de la Commune. Ranc, député de Lyon, voyait, au lendemain du 24 mai, se dresser devant lui le soldat à qui il avait, en 1870, rêvé de dire un jour :

Vous êtes désormais le maître. Sortez de Metz, combattez, général, et sauvez le pays !

Je ne crois pas que Ladmirault ait eu la responsabilité de ces poursuites. M. le comte Albert de Mun, ancien officier d'ordonnance du général, et qui a écrit en tête d'une biographie de Ladmirault, par J. de la Faye, (c'est le pseudonyme d'une femme) une préface éloquente, porte ce témoignage que, lorsque le soldat de Constantine et de Gravelotte reprit Paris sur la Commune, il voulut que, le combat suspendu, le corps à corps interrompu, il n'y eût plus de sang versé. « Les prisonniers, dit M. de Mun, lui furent sacrés, comme ceux de la guerre étrangère : soldat jusqu'au plein accomplissement de sa tâche austère, il refusa d'être bourreau et ne se crut pas le droit d'être justicier. Dans toute la zone conquise et occupée par son corps d'armée, de la place de l'Etoile à Montmartre et à Belleville, il n'y eut ni cours martiales ni jugements improvisés. » Le *père* Ladmirault, — comme on disait le père Bugeaud — vieux soldat d'Afrique et d'Italie avait, sous ses cheveux blancs, avec sa moustache rude et sa barbiche militaire, un fond de pitié et une tristesse profonde à voir, dans la guerre civile, couler tant de sang français.

Mais quoi ! la politique était là ! L'horrible et mortelle politique. Le gouvernement du 24 mai voulait frapper M. Ranc. Le soldat obéit. Et ce patriote à épaulette poursuivit le patriote en redingote, ces deux hommes étant cependant faits pour unir leur énergie dans la défense du pays et le sort ayant failli les mettre en face l'un de l'autre en une circonstance décisive et tragique — dans la grande ville assiégée. Ainsi l'histoire est-elle faite dans ce que j'appelais tout à l'heure les ironies atroces. Que de peine les meilleurs d'entre nous se donnent-ils pour s'ignorer, se méconnaître et se combattre !

**

Je ne sais pas de figure plus mâle et plus fièrement attirante que celle du général de Ladmirault. C'est le soldat dans toute la force du terme, c'est le chef soumis à la discipline jusqu'à l'abnégation et dévoué à ses troupiers jusqu'au sacrifice. Fils de gentilshommes non pas pauvres mais économes, il savait que la vie est faite de privations. « Jusqu'à mon grade de colonel, j'ai, disait-il, conservé ma montre de sous-lieutenant, ne m'étant jamais trouvé assez riche pour la remplacer par une autre. » Il y avait de ces exemples dans sa famille. A Fontenoy, son grand-père, lieutenant au régiment Royal Normandie Cavalerie, avait sauvé l'étendard du régiment. Le porte-étendard était tué. Un Anglais l'arrachait aux mains du mort lorsque M. de Ladmirault le lui enlevait et, poursuivi par l'ennemi, le lieutenant éperonnait son cheval, emportant l'étendard, lorsque l'Anglais, saisissait l'officier par le catogan en criant : « Rendez-vous ! » Il croyait tenir M. de Ladmirault aux cheveux ; il ne lui restait entre les doigts qu'une perruque poudrée !...

Le général avait de ces histoires, qu'il contait bien, causant comme il agissait. Un jour, à Mourmelon, l'empereur lui demandait (c'était après Sadowa) son opinion sur l'armée allemande. Ladmirault la donnait. Napoléon III écoutait, attentif, puis, à la fin : « Mettez-moi cela sur le papier. Rédigez-moi un mémoire. Un mémoire très détaillé. Et apportez-le-moi aux Tuileries. » « Le mémoire fut écrit, disait le général, et remis dans le cabinet de l'empereur. Fut-il lu ? Dieu le sait ! »

Soldat, il le fut en tout, et jusqu'à dire, en présence de l'étonnante attitude de Bazaine, immobile, inactif, passif : « Le maréchal a sans doute des renseignements d'ensemble dont la portée nous échappe. Obéissons ! »

Il eût obéi à Gambetta lui disant « Allez ! ».

C'était le courage même, le courage simple. Son corps d'armée bouscula les Prussiens devant Metz, vit la trouée possible un moment. Quel moment, heure terrible, et qu'on laissa sonner au cadran du sort ! Souvent le vieux général disait, en pensant à l'occasion perdue :

— Si j'avais su, j'aurais *foncé* — tout seul !

C'est bien l'homme qui, blessé à Solférino, se trouve transporté en cacolet à l'ambulance. De l'autre côté du cacolet gémissait, à chaque secousse, un vieux sergent de zouaves, un *Africain*, qui répétait :

Satanés mulets, ils vous tuent ! Mon général, nous sommes f... !

Et Ladmirault :

— Nous ? Allons donc ! Les vieux d'Afrique ne meurent pas comme ça !

**

Et cet intrépide, pourtant, ce soldat qui souriait aux balles-mouches bourdonnantes de la mort, et qui n'avait jamais « salué » le boulet, je l'ai vu cependant intimidé, comme ennuyé d'avoir à se préoccuper d'une autre question que de questions militaires, et cela devant celui qui écrit ces lignes.

Je me rappelle, comme si c'était hier, ce souvenir, vieux de tant d'années. Le général de Ladmirault, nommé gouverneur de Paris par M. Thiers, avait — Paris étant soumis à l'état de siège — la surintendance des théâtres, et, par conséquent, la censure dramatique dans ses fonctions.

La censure, supprimée au 4 septembre, venait d'être rétablie. Ce n'était pas une sinécure, au lendemain des mois terribles. Il fallait tempérer les éclats trop naturels d'un patriotisme endolori, mais dont les violences pouvaient irriter l'ennemi encore campé chez nous. Il fallait ramener à une certaine pudeur les profiteurs d'actualités, qui, par exemple, dans une pantomime sur le siège de Paris « égayaient » la situation par les lazzis et la parade d'un Pierrot enfariné et inconscient. Mais la censure, aussi, s'en prenait à la pensée et à l'œuvre d'art et, comme j'avais l'honneur d'être vice-président de la Société des Gens de Lettres, un confrère vint me prier, en l'absence du président, d'aller réclamer pour lui contre un arrêt du gouverneur de Paris.

Ce confrère était un écrivain de grand talent, probablement tout à fait ignoré de la génération nouvelle et qui s'appelait Robert Halt. Robert Halt, ou plutôt Robert Vieu, Robert Halt était un pseudonyme. Professeur et écrivain, très noble de caractère, fier et pauvre, Robert Halt avait publié des romans de premier ordre, solidement pensés, écrits avec une fermeté rare, la *Cure du docteur Pontalais* entr'autres, et *Madame Frainex*. D'autres ont été plus populaires ; personne n'a été plus digne de l'être. Mais certains êtres semblent naître vaincus.

Précisément, Robert Halt venait de faire recevoir au théâtre du Vaudeville, une pièce tirée de *Madame Frainex*, son roman, et on allait la représenter, lorsque la censure opposa son *veto*. La censure, c'était, je crois, M. de Beauplan et le gouverneur de Paris faisait, je crois, en pareil cas, fonction de cour d'appel. Le pauvre Robert Halt, enfiévré, désolé, furieux aussi, et tout son petit corps maigre, secoué de colère, me pria d'aller voir le général gouverneur, d'en appeler à sa justice.

— Au nom des gens de lettres, au nom de la liberté d'écrire !

Et je promis d'aller plaider la cause de la malheureuse *Madame Frainex*, qui semblerait fort anodine et doucement bourgeoise aujourd'hui, mais qui, alors, et surtout à cette heure douloureuse, paraissait, je ne sais pourquoi, redoutable.

Je m'acquittai de ma mission. Le gouverneur de Paris m'avait fixé un rendez-vous. Il n'était plus logé au palais de l'Elysée, son quartier général au lendemain de l'occupation de Paris, mais au Louvre, dans les anciens appartements du général Fleury, grand veneur. Les fenêtres de son appartement donnaient d'un côté sur le quai, et de l'autre, sur la fameuse cour Caulaincourt, aux escaliers superbes.

Et j'étais assez ému à l'idée de voir de près le bon soldat dont j'admirais la noble vie, toute dévouée à la patrie, et le tout-puissant personnage qui tenait en mains la destinée du pauvre écrivain dont je me faisais l'avocat.

Je montai les marches qui conduisaient au salon du gouverneur. Des plantons travaillaient assis dans l'antichambre, et, à l'un d'eux, je remis ma carte. Il poussa une porte, disparut et, peu après, un officier, portant avec une bonne grâce, charmante et mâle à la fois, l'uniforme de cuirassier en petite tenue, s'avança vers moi, souriant dans sa moustache, et me dit que si je voulais bien le suivre, le général gouverneur allait me recevoir.

Je ne me doutais pas que, quelques années après, j'aurais l'honneur de m'asseoir, en qualité de chancelier, aux côtés de ce bel officier, élégant et accueillant, devenu, pour trois mois, directeur de l'Académie Française. La physionomie ouverte et fière du jeune capitaine de cuirassiers, m'avait frappé. Et je lui ai reparlé depuis de cette visite à son général. C'était le comte Albert de Mun, alors aide de camp de Ladmirault, et qui, en cette qualité, lui lut, en ce temps-là, deux actes d'une comédie que le gouverneur voulait interdire et qui réussit si bien à l'amuser, que Ladmirault donna l'autorisation de jouer la pièce. Ce fut ainsi que le Vaudeville représenta *Rabagas*, de Victorien Sardou.

La pièce de mon pauvre Robert Halt devait avoir moins de chance et le gouverneur allait bientôt interdire une pièce assez érotique, intitulée *La Liqueur d'Or*, et qu'on donnait sur un petit théâtre qui fut fermé durant quelques soirs.

Mais il m'est resté de cette visite au gouverneur de Paris — sans parler du souvenir charmé de cette première rencontre avec M. de Mun — une impression très curieuse. J'étais annoncé à M. le général de Ladmirault. Le planton avait laissé entr'ouverte la porte qui donnait du salon d'attente au cabinet du gouverneur. Comme je me dirigeais de ce salon vers le cabinet, je pouvais reconnaître, j'apercevais devant son bureau, près de la fenêtre ouvrant sur le quai, le général qui, visiblement, se préparait à une visite inusitée, à une conversation qui ne lui était pas familière. Assis d'abord, il s'était levé et, machinalement, de ses mains hésitantes, rangeait des papiers, des plumes, tirait sa manche, prenait une attitude devant cet homme de lettres, qui venait lui, le troubler dans ses occupations militaires. Je le vis, un moment, passer sa main sur sa barbiche. Certes, il eût préféré une rencontre avec une nuée de Kabyles, et les feux de file devaient lui sembler plus agréables que cette discussion avec un inconnu, venant lui parler de la censure. Et puis, ce diantre de préjugé contre les journalistes ! Quand la plume d'un écrivain est trempée dans une certaine encre, elle est souvent plus dangereuse, il est vrai, qu'une baïonnette. Mais, Dieu merci, je ne me suis jamais servi de cette encre-là.

Le général de Ladmirault avait alors soixante-deux ou soixante-trois ans. Il me donna l'impression profonde de la force et du calme. De la tristesse aussi. Ce maître d'une ville portait en lui les ressouvenirs des lugubres journées des derniers mois. Il y avait dans ses yeux pensifs des images de deuil. Un de ses portraitistes a parlé de ce front de *gentleman farmer* qui semblait refléter un horizon de prairies où passaient les bœufs. L'œil était celui d'un ruminant de la bataille, du dévouement et de la gloire. Gloire assombrie, à cette heure lourde. M. Thiers lui avait offert le maréchalat au lendemain de la prise de Paris.

— Non, monsieur le Président, il ne faut pas qu'il y ait du sang français sur un bâton de maréchal.

C'était en souvenir de Rézonville, général, fit M. Thiers qui n'insista pas.

Je le regardais, je l'étudiais. Nous causâmes. Il fut cordial et franc, ne promit rien que de faire ce qu'il regardait comme son devoir :

— Je suis une sentinelle : les censeurs jugent. J'obéis.

Toujours le même mot, du héros discipliné qui va. Il ne craignait ni les responsabilités, ni les colères. Il avait en horreur les manifestations, le bruit. Ladmirault s'était révélé à moi dans ses mouvements de mains cherchant des feuillets, un couteau à papier pour se donner contenance. Ce qui n'est pas rare : ce soldat était un timide. Ce brave entre les braves était le plus simple et le plus modeste des hommes.

Une statue, à lui ! Montmorillon illuminé en souvenir de lui ! De son vivant il n'eut même pas un lampion !

Lorsque le général, blessé à Solférino, reprit — « la machine étant complètement réparée », — disait-il — le chemin de la France, il apprit, à Milan, que ses compatriotes se préparaient à des ovations, à une réception enthousiaste. Il demandait alors que toutes les manifestations de sympathie se bornassent à une simple carte déposée chez lui. « Le reste m'embarrasserait et me déplairait beaucoup. »

« — Tu me parles, écrivait-il à sa femme, de fêtes et de réceptions que la ville de Montmorillon se propose de m'offrir quand j'y reviendrai. Je ne saurais me prêter à une semblable démonstration. Ce serait m'attirer un ridicule mérité. Emploie-toi à faire abandonner un semblable projet.

Ainsi, la moindre marque de gratitude partant du cœur de ses compatriotes, le brave homme qu'était le général de Ladmirault, regardait cela comme une manifestation ridicule. En son langage militaire, il eût qualifié ces ovations, si méritées, de cabotinage, de fumistes. C'était l'homme le plus simple, le plus timide à la fois, et le plus brave, le meilleur en un mot. Mais si le vivant avait le droit de réclamer de ses compatriotes le silence et la discrétion, dans la joie qu'ils manifestaient de revoir parmi eux le soldat de Montebello, la mort ne peut empêcher les braves gens qui lui survivent, de saluer son image et de fêter sa mémoire, et la petite ville s'honore en honorant le héros de Constantine, de Solférino et de Rézonville.

Il avait déjà son image de bronze, en un haut relief, au piédestal du monument de Mars-la-Tour, élevé aux soldats de 1870, morts en défendant la terre de France. On l'y voit à côté de Canrobert, de Cissey, de Verneville, de Legrand qui se fit tuer là !

Ce n'est pas trop de deux monuments pour de tels hommes : l'un où ils ont reçu la vie, l'autre où ils ont bravé la mort.

Jules CLARETIE

(Extrait du *Journal* du 29 Mai 1901).

Imp. A. FONTENAILLE, Montmorillon.

www.ingramcontent.com/pod-product-compliance
Lightning Source LLC
Chambersburg PA
CBHW060929050426
42453CB00010B/1916